DISRUPTION durch digitale Geschäftsmodelle

Ursprung der digitalen Geschäftsmodelle

Risiken für Unternehmen mit nicht-digitalen Geschäftsmodellen

Transformation zu einem digitalen Geschäftsmodell

Lieber Leserin, lieber Leser,

Ihre Meinung ist mir wichtig.

Das Buch hat Ihnen gefallen? Dann freue ich mich über Ihre positive Rückmeldung. Sie haben Hinweise oder Anregungen für mich? Dann schreiben Sie mir gerne unter info.cwebd.de und geben mir die Gelegenheit zu einer Reaktion, falls etwas nicht nach Ihren Vorstellungen war.

Mit besten Grüßen

Viktor Arnhold

1. Auflage

Copyright © 2018: Alle Rechte vorbehalten – Viktor Arnhold

ISBN: 9781717823250
Title: Disruption durch digitale Geschäftsmodelle
Autor: Viktor Arnhold

Inhalt

Vorwort

Digitale Disruption gehört zu den größten gesellschaftlichen und wirtschaftlichen Revolutionen und ist aus den Medien, der Wirtschaft und aus dem sozialen Umfeld kaum wegzudenken. Digitalisierung erleichtert den Alltag, verändert das Zusammenarbeiten, ermöglicht weltweiten Handel und verändert sogar die Politik. Die Ursache dafür ist die immer mehr zunehmende Vernetzung, die es möglich gemacht hat, im Web durch minimale Distributionskosten Inhalte oder auch Dienstleistungen kostenlos anbieten zu können. Ein gutes Beispiel dafür sind die Kleinanzeigen, die eine bedeutende Einnahmequelle von Zeitungen sind bzw. waren. Hier wurden Stellenangebote, Immobilien oder KFZ-Angebote durch Privatpersonen oder Unternehmen, inseriert und bezahlt. Durch die Digitalisierung sind neue digitale Geschäftsmodelle entstanden, die es ermöglichen Kleinanzeigen durch ein Online-Portal komfortabler und sogar kostenlos aufzugeben. Aber auch Video-on-Demand-Anbieter wie Amazon Prime oder Netflix führen dazu, dass tausende Videotheken nicht mehr wettbewerbsfähig sind und überflüssig werden. Auch das, ist ein Beispiel für Disruption der digitalen Geschäftsmodelle.

Wie in dem oben genannten Beispiel fallen alte Geschäftsmodelle weg und werden durch neue innovative Geschäftsmodelle ersetzt bzw. abgelöst. Prognosen gehen davon aus, dass es etwa 40% der Unternehmen in den nächsten Jahren weltweit nicht mehr geben wird. Dabei verändern neue Geschäftsmodelle Branchen grundlegend und verdrängen bzw. zerstören etablierte Unternehmen und lösen alte Geschäftsmodelle ab. Diese Zahlen sind alarmierend, doch war es noch nie so einfach ein Unternehmen zu gründen und noch nie war die Gefahr so groß von neuen digitalen Geschäftsmodellen vom Markt gedrängt zu werden, wie heute. Junge Unternehmen wie Netflix haben durch digitale Geschäftsmodelle und einer cleveren Idee ganze Branchen revolutioniert. Dabei werden alte Branchen durch neue, digitale Branchen verdrängt. Das haben auch viele alt eingesessene Unternehmen erkannt und sehen dort ein großes Problem auf sich zukommen oder reagieren zu spät und halten zu lange an dem vorhandenen Geschäftsmodell fest. Es sei denn sie stellen sich frühzeitig darauf ein und digitalisieren ihr Geschäftsmodell. Etablierte Unternehmen sollten sich diesem Wandel stellen und ihr Geschäftsmodell schnell unter die Lupe nehmen oder wirkungsvolle Gegenmaßnahmen entwickeln.

Durch die digitale Veränderung, entwickelt und verändert sich ebenfalls der Lebens- und Arbeitsalltag in der Gesellschaft sehr stark. Die immer steigende Digitalisierung führt dazu, dass jede Maschine einen Zugang zum Internet bekommt und sich so, mit anderen Maschinen unterhalten und beispielsweise Bestellungen auslösen kann, die über die ganze Welt stattfinden. Maschinen sind mit Sensoren ausgestattet die automatisch Wartungsintervalle ausführen können. Menschen tauchen dabei immer seltener auf. Dadurch entstehen Firmen, die die Produkte oder Dienstleistungen besser und meist durch einen geringeren Einsatz von menschlicher Arbeit erledigen. Nehmen wir das Bespiel der Videotheken auf. Durch den Wegfall tausender Videotheken haben auch tausende Angestellte ihren Job verloren, der jedoch nicht im gleichen Umfeld durch den Online Service ersetzt wird. Prognosen besagen, dass 50% der weltweiten Jobs verschwinden werden. Dabei werden auch viele Arbeitsplätze durch die Digitalisierung verschwinden, in Deutschland sind dabei fast 60% der Jobs betroffen. Daraus kann man schließen, dass durch den digitalen Wandel eine zunehmende Automatisierung entsteht, die zu einem geringen Bedarf an Arbeitskräften führt. Dabei müssen Begriffe wie Grundeinkommen oder Arbeitslosigkeit in Zukunft neu definiert werden.

1. Einleitung

1.1. Zielsetzung

Das Ziel dieses Buches ist es, zunächst die Begriffe „Disruption", „Digitalisierung" und „Geschäftsmodell" einzeln zu betrachten um anschließend den gesamten Begriff „Disruption der digitalen Geschäftsmodelle" klar darzulegen und zu definieren. Dieser erste Schritt soll als Grundlage und für das einheitliche Verständnis der nachfolgenden Kapitel dienen. Im nächsten Kapitel werden die Ursprünge der digitalen Geschäftsmodelle aufgegliedert. Anschließend werden Risiken von nicht-digitalen Geschäftsmodellen an alten, großen Unternehmen aufgezeigt und dargelegt, welchen Einfluss die Globalisierung und Digitalisierung auf diese Unternehmen hat. Dabei wird auf die Besonderheiten eingegangen, die ein digitales Geschäftsmodell aufweist um herauszustellen, warum klassische Geschäftsmodelle nur bedingt für das digitale Zeitalter geeignet sind. Zum Schluss sollen Empfehlungen gegeben werden, auf was man bei einer Transformation zu einem digitalen Geschäftsmodell beachten sollte.

Um die zuvor genannten Ziele erreichen zu können, soll das vorliegende Buch auf die drei folgenden Fragestellungen ausgerichtet werden:

Frage 1: Den Ursprung der digitalen Geschäftsmodelle darzulegen

Frage 2: Welche Risiken alte, große Unternehmen mit eher nicht-digitalen Geschäftsmodellen unter dem Einfluss der Globalisierung und Digitalisierung haben?

Frage 3: Wie können die Risiken gezielt adressiert werden und eine digitale Transformation von Geschäftsmodellen gelingen?

1.2. Aufbau des Buches

Der Aufbau dieses Buches umfasst 4 Kapitel. In dem ersten einleitenden Kapitel werden die Problemstellungen sowie die Zielsetzung mit den drei Fragestellungen erläutert und durch den Aufbau des Buches abgeschlossen.

Das zweite Kapitel befasst sich mit den Grundlagen, indem zuerst die Hauptbegriffe „Disruption, Digital und Geschäftsmodell" einzeln erklärt werden, um einen einheitlichen Wissensstand vorzuweisen. Anschließend wird der Begriff „Disruption durch digitale Geschäftsmodelle" im Ganzen betrachtet und erläutert.

Das dritte Kapitel befasst sich mit den drei Fragestellungen, die in der Zielsetzung definiert wurden. Dabei werden durch umfangreiche Literaturrecherchen die Fragenstellungen näher beleuchtet.

Das abschließende Kapitel umfasst die Diskussion der Ergebnisse dieses Buches, ein kritisches Fazit, sowie ein Ausblick der Entwicklung von digitalen Geschäftsmodellen.

2. Begriffliche und konzeptionelle Grundlagen

2.1. Disruption

Disruption ist die Vokabel des heutigen Zeitalters und kommt wie soll es auch anders sein aus dem Silicon Valley. Der Begriff Disruption wurde das erste Mal vor ca. 20 Jahren vom Harvard-Professor Clayton Christensen verwendet, der ein Buch über „disruptive Technologien" schrieb. Im deutschsprachigen Raum ist Disruption das Wort 2015 unter den Geschäftsleuten. Schlägt man Disruption im Duden nach erhält man Synonyme wie, zerreißend oder durchschlagend. Generell kann man es als kreative Zerstörung bezeichnen, altes wird zerstört und neues, besseres oder anderes entsteht. Disruption beschreibt einen Vorgang, der mit der Digitalwirtschaft in Zusammenhang gebracht wird. Dabei werden bestehende Technologien, Produkte oder Geschäftsmodelle von innovativen Erneuerungen abgelöst oder vollständig verdrängt. Es geht nicht nur um Technologien sondern um Verfahren, Denkweisen oder Prozesse. Gerade in der Start-up Szene ist der Begriff beliebt und spiegelt das revolutionäre Denken eines Gründers wieder.

2.2. Digitalisierung

Die Digitalisierung oder das Wort Digital kommt ursprünglich aus dem lateinischen und bedeutet "Finger". Gemeint sind damit die Finger die man zum Zählen braucht. Später wurde der Begriff zu "Ziffer" geändert. Damit meint man, dass physikalische Größen in exakten Ziffern dargestellt und messbar gemacht werden können. Dabei kann man unter Digitalisierung die Umwandlung von analogen Werten oder Daten in ein digitales Format verstehen. Digitalisierung bringt zwei Trends mit sich, einmal die Immaterialisierung von Konsumgütern, also die Umwandlung in eine digitale Form sowie die Möglichkeit diese Güter abzusetzen. Dabei können z.B. Informationen oder Dienstleistungen über das Internet der als

Marktplatz dient, an die Hälfte der Weltbevölkerung, die an das Internet angebunden ist, kommuniziert werden. Zusätzlich führt Digitalisierung dazu, dass sich das Kundenverhalten durch den Umgang mit neuen Technologien wie Social Media und Smart Devices vollkommen ändert. Dabei hat sich das Machtverhältnis zwischen Kunden und Unternehmen stark verändert, heute steht der Kunde auf Augenhöhe mit dem Unternehmen, dadurch hat Kundenorientierung und Transparenz eine ganz andere Bedeutung bekommen.

2.3. Geschäftsmodell

Ursprünglich stammt der Begriff Geschäftsmodell aus der Wirtschaftsinformatik in den 70er Jahren, um Prozesse oder Informationsströme in einem Unternehmen modellhaft darzustellen. Früher nur unter dem Begriff "Business Modelling" bekannt, beschreibt es den Einsatz von Methoden und Modellen zum Verstehen und gestalten von Geschäftsabläufen. Aber auch Firmeninterne Ressourcen und Fähigkeiten sowie die

Wertschöpfung beschreiben Geschäftsmodelle. Dabei werden Funktionen und Strukturen eines Unternehmens abgebildet. Ein Beispiel für einen Teil eins Geschäftsmodells kann das Organigramm sein, dass sich auf einen Teilaspekt eins Unternehmens bezieht. Seit Mitte der 90er Jahren und der zunehmenden Verbreitung von Electronic Commerce, hat sich das Geschäftsmodell in der Unternehmensplanung und in der Umgangssprache durchgesetzt, als eine grobe Beschreibung einer Geschäftstätigkeit und Funktionsweise eines Unternehmens. Besonders in der Kommunikation zu internen wie z.B. Mitarbeitern oder externen Personen wie Kapitalgebern wird das Geschäftsmodell gerne dazu genutzt den Kern der Geschäftstätigkeit eines Unternehmens zu kommunizieren und potentielle Investoren für neue Geschäftsideen zu gewinnen.

Dennoch wurde der Begriff bis dahin nie einheitlich definiert. Dabei sind Geschäftsmodelle in der heutigen Zeit ein mächtiges Werkzeug zur Analyse bestehender oder neu zu gründender Unternehmen.

Da sie den Blick auf die wesentlichen Elemente der Geschäftstätigkeit lenken. In der Literatur existiert eine Reihe von Definitionen des Begriffes „Geschäftsmodell". Alleine 1998 bis 2002 wurden zwölf unterschiedliche Definitionen aufgestellt, die unterschiedliche Komponenten beinhalten. Laut Joan Magretta wird der Begriff Geschäftsmodell als eine Geschichte definiert, die erzählt wie eine Organisation funktioniert. Dabei soll das Geschäftsmodell Antworten auf drei Fragen liefern: „Wer ist der Kunde? Was ist der Kundenmehrwert? Wie können wir dem Kunden einen Mehrwert bieten bei angemessenen Kosten". Diese Definition geht davon aus, dass der Kunde das zentrale Element ist. Demnach ist das Ziel eines Unternehmens, Kunden zu schaffen und diesen einen Mehrwerkt zu bieten, erst dann kommt die Fragen nach dem Umsatz.

2.4. Disruption durch digitale Geschäftsmodelle

In diesem Kapitel wird der Themenkomplex Disruption, Digitalisierung und Geschäftsmodell in einen Kontext gebracht. Dies wird an einigen Beispielen aufgezeigt und als ein praxisorientiertes Werkzeug für Manager abgeleitet. Die nachstehende Abbildung veranschaulicht die drei Themenkomplexe und bringt diese in eine Beziehung.

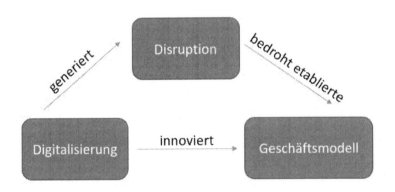

Abbildung 1: Zusammenhang von Digitalisierung, Disruption und Geschäftsmodellen.

Digitalisierung kann dem Geschäftsmodell Innovation, Einzigartigkeit, Effizienz und

16

Leistungsfähigkeit verleihen. Dabei ist die Digitalisierung nicht wirklich ein Problem, doch nutzt man die Digitalisierung für eine Disruption, kann das für viele Unternehmen zum Problem werden. Durch Disruption von digitalen Geschäftsmodellen werden alte etablierte Unternehmen, die ein nicht-digitales Geschäftsmodell vorweisen, bedroht. Dabei verändern neue Technologien das gesamte Wirtschaftsgefüge und die Art, wie wir konsumieren, leben und arbeiten. Durch neue Technologien wie künstliche Intelligenz, Big Data oder Rechnerleistung und die Kombinationen und Vernetzungen daraus, entstehen neue Branchen, mit neuen vereinfachten oder besseren Produkten und Dienstleistungen. Das digitale Unternehmen Netflix z.B., welches als online Videothek bekannt ist, ist seit 1998 auf dem Markt und konnte durch ihr digitales Geschäftsmodell Blockbuster aus dem Markt vollständig verdrängen. Blockbuster war eine Franchisekette für den Verleih und Verkauf von DVDs und hatte ca. 6.000 Filialen in den Vereinigten Staaten. Im Jahr 2010 musste

17

Blockbuster schließlich Insolvenz anmelden. So leicht es auch ist heute ein Unternehmen zu gründen, so leicht ist es auch digitale Geschäftsmodelle zu kopieren und in anderen Ländern auszurollen. Oliver Samwer, Gründer von Rocket-Internet hat sich darauf spezialisiert, digitale Geschäftsmodelle zu klonen und in anderen Ländern auszurollen. Dabei werden gerade Bereiche analysiert die im E-Commerce Markt noch unterentwickelt sind, so wurde in Afrika ein Amazon-Klon Jumia aufgebaut, oder in Deutschland ein Ebay-Klon Alando, der nach sechs Monaten von Ebay aufgekauft wurde.

Die Digitalisierung durchdringt eine Industrie nach der anderen. Durch neue digitale Geschäftsmodelle entstehen auch neue Wettbewerber sowie neue Wettbewerbsregeln. Heutzutage legt man seine Fingerkuppe an die Kameralinse des Smartphones und schon verrät es einem dem aktuellen Gesundheitszustand, im Bereich Herz, Kreislauf und Wohlbefinden und das alles von jedem Ort aus und zu jeder Zeit. Ist damit der Arzt Besuch überflüssig geworden? Genau das macht Preventicus GmbH mit Sitz in Jena heute. Durch das digitale Geschäftsmodell von Preventicus wird die Kompetenz eines Mediziners digitalisiert.

Digitale Geschäftsmodelle bestehen laut Prof. Dr. Claus, Leiter der Arbeitsgruppe für Unternehmensführung und innovative Wertschöpfungskonzepte an der Philipps-Universität Marburg, aus drei Teilmodellen, dem Leistungs-, dem Wertschöpfungs- und dem Ertragsmodell. Diese müssen perfekt abgestimmt werden um einen Wettbewerbsvorteil oder eine Wettbewerbsfähigkeit zu garantieren. Eine Digitalisierung des Leistungsmodells, dass in diesem Fall das Produkt- und Service-Angebot sowie welche Kunden und Märkte wie adressiert werden, wiederspiegelt. Digitale Vertriebskanäle könnten z.B. ein Onlineshop sein, der dazu führt, dass neue Kundensegmente angesprochen werden. Aber auch die Kommunikation mit dem Kunden spielt hier eine wichtige Rolle, da diese früher bilateral abgelaufen ist, steht der Kunde heutzutage auf Augenhöhe mit dem Unternehmen und kann durch negative Bewertungen oder Beschwerden die in den sozialen Medien ausgelöst wurden einen gewaltigen Schaden anrichten. Aber auch durch einfache digitale Individualisierung kann der Kunde heute seine Produkte individuell zusammenstellen. Ein Beispiel ist hier MyMüsli, wo man sein Müsli nach Belieben zusammenstellen kann. Das zweite Teilmodell, das Wertschöpfungsmodell beschreibt die Ressourcen, Prozesse und Partnerschaften. Auch dieser Bereich kann durch Digitalisierung transformiert werden. Physische Prozesse die häufig zentral gesteuert werden, können durch digitale oder automatisierte Prozesse ersetzt werden, die in der Regel schneller und effizienter arbeiten. Des Weiteren können digitale Prozesse einfach dezentral organisiert werden und kostengünstig outgesourct werden. In dem Wertschöpfungsmodell können Kunden den Wertschöpfungsprozess mitgestalten. Das was früher nur Forscher und Entwicklungsabteilungen erstellt und entwickelt haben, können Kunden heutzutage aktiv mitgestalten. Dabei können Kunden Produktideen vorschlagen und werden auch in die Unternehmensplanung einbezogen. Dies kann z.B. durch Designwettbewerbe initiieren werden. Das Ertragsmodell beschreibt die Ertragskanäle und Ertragsarten, die ein Unternehmen nutzt. Die Digitalisierung in diesem Modell befasst sich mit allen Zahlungsarten, diese können z.B. durch digitale Zahlungsmöglichkeiten wie Paypal realisieren werden. Was das bezahlen für den Kunden und Anbieter einfach macht.

3. Gefahren, Chancen und Risiken

3.1. Ursprung der digitalen Geschäftsmodelle

Der Ursprung der digitalen Geschäftsmodelle entstand durch die digitalisierten Produkte und Dienstleistungen die so gut wie grenzenlos zur Verfügung stehen. Aus diesen digitalen Produkten ist auch das digitale Geschäftsmodell entstanden, da hier andere ökonomische Gesetzte gelten, die in den alten Geschäftsmodellen nicht abgebildet sind. Durch das Internet und die Digitalisierung von Wertschöpfungsketten können die Transaktionskosten verringert werden. Zu den Treibern der digitalen Geschäftsmodelle und deren Entwicklung kann man demzufolge alle neuen Technologien zählen, die in den letzten Jahren entstanden sind, wie die Cloud-Technologie, künstliche Intelligenz, Rechnerleistung, Robotik, Sensorik, Big Data und die immer mehr werdende Vernetzung aus diesen Technologien. Neue digitale

22

Geschäftsmodelle entstehen dabei meistens in Nischen und sind für etablierte Unternehmen uninteressant und lohnen sich meistens nicht, da die Technologien noch in den Kinderschuhen stecken oder zu wenig Ertrag abwerfen. Beobachtet man digitale Geschäftsmodelle, so kann man erkennen, dass diese einige Ähnlichkeiten mit sich bringen. Die wichtigsten davon sind, exponentielle Entwicklung, Auflösung von Branchengrenzen, Monopolbildung durch den Netzwerkeffekt, die Tendenz zur "Gratis-Ökonomie" sowie minimale Transaktionskosten.

3.2. Risiken für alte, große Unternehmen mit nicht-digitalen Geschäftsmodellen

Die Digitalisierung ist nicht nur positiv zu betrachten, so ist auch hier der Anteil der kreativen Zerstörung hoch. Neue Technologien die sich durch digitale Geschäftsmodell verbreiten und die Branche komplett verändern, verdrängen etablierten Unternehmen. Damit haben viele Unternehmen ihre

Schwirigkeiten und reagieren zu langsam. Diese halten an dem bestehenden Geschäftsmodell zu lange fest oder bemerken die digitale Disruption im schlimmsten Fall nicht einmal. Genau deshalb fällt die Veränderung so schwer, da die Disruption fast unbemerkt stattfindet. Dabei erkennen viele Unternehmen nicht einmal, dass ihr vorhandenes Geschäftsmodell bedroht ist, da sie die Auswirkung der digitalen Transformation anders interpretieren. Reifere, digitale Unternehmen weisen hier eine höhere Transformation auf. Unternehmen die ein digitales Geschäftsmodell nutzen, weisen ein überdurchschnittliches Wachstum auf, anstelle eines linearen Wachstums. Gerade diese Transformationen bestimmen den Erflog oder Misserfolg eines Unternehmens.

Es begann mit Google, Apple und Amazon, dies war jedoch erst der Anfang. Heute entstehen junge Unternehmen wie WhatsApp, Tesla oder Airbnb die mit einer cleveren Idee die ganze Brachen aufrütteln und die Wertschöpfungsketten aufbrechen und etablierte Unternehmen verdrängen. Von den 1000 größten Unternehmen aus dem Jahr 1962, existieren heute nur noch 16 Prozent und diese Entwicklung wird sich noch verstärken. Gleichzeitig entstehen Start-ups mit einem rasanten Wachstum. Die Veränderung und die damit verbundene Transformation, sowie die Globalisierung von Unternehmen und Märkten ist eine der größten Herausforderung für Unternehmenslenker. Fehlgeschlagene Anpassungen an neue Technologieinnovationen liegen daran, dass Geschäftsmodelle nicht so einfach verändert werden können und weniger an der Technologie selbst. Gerade bei Großunternehmen und Konzernen die aus Zukäufen gewachsenen Strukturen bestehen, ist eine Änderung des Geschäftsmodells mit einem erheblichen Aufwand verbunden und könnte verheerende Folgen haben. Anders sieht es bei Start-ups oder Jungunternehmen aus, die hier einen Vorteil haben und sich schnell an den permanenten Wandel anschließen können und die Management

Entscheidungen eher überschaubare Auswirkungen haben.

Der Eintritt neuer Unternehmen mit einem digitalen Geschäftsmodell kann zu erheblichen Störungen führen, wie man im Filmverleih sehen kann. Blockbuster wurde 1985 gegründet. Es wurden DVD´s über klassische Shops, Kioske sowie auf dem Postweg verliehen. Das Online-Verleihgeschäft wurde erst später im Jahr 2004 gestartet, nachdem der Konkurrent Netflix seit 1998 schon am Markt präsent war. Blockbuster hatte mehr als 6.000 Filialen und mehr als 48.000 Mitarbeiter und dennoch hat das Unternehmen im Jahr 2010 Insolvenz anmelden müssen da Netflix einfach das bessere Geschäftsmodell vorweisen konnte.

3.3. Digitale Transformation von Geschäftsmodellen

Unternehmen müssen ihr Geschäftsmodell ständig auf den Prüfstand stellen, um es den ständigen Bedingungen anzupassen oder für zukünftige Bedingung proaktiv tätig zu werden. Gerade die proaktive Vorgehensweise bei der Entwicklung bzw. Weiterentwicklung des digitalen Geschäftsmodells und dessen Geschäftsmodellinnovationen ist wegen der großen Dynamik und des Wettbewerbsumfeldes sehr wichtig. Das Geschäftsmodell wird somit selbst Gegenstand der Analyse, genauso wie die bestehenden Produkte oder Dienstleistungen. Diesen Prozess nennt man auch Geschäftsmodellinnovation. Eine Geschäftsmodellinnovation kann dabei zu einem hohen Wachstumsimpuls führen. Die Hauptaufgabe der Geschäftsmodellinnovation ist die Neuschaffung oder Änderung des bestehenden Geschäftsmodells um Kundenbedürfnisse zu befrieden oder neu zu schaffen. Dabei ist eine Andersartigkeit, die in einem andersartigen Produkt oder einer andersartigen Dienstleistung umgesetzt werden kann über die Verbesserung zu stellen, da die Andersartigkeit neues Potential für Befriedigung schafft, was zu einem Wettbewerbsvorteil führt. Aber auch neue Technologien sowie die Globalisierung spielt hier eine wichtige Rolle. Dabei können sich die Geschäftsmodellinnovationen auf einzelne Bestandteile des digitalen Geschäftsmodells beziehen.

Für die Transformation von einem klassischen Geschäftsmodell, zu einem digitalen Geschäftsmodell sollte man zunächst das vorhandene Geschäftsmodell betrachten das in Kapitel 2.3 Geschäftsmodell definiert wurde und als Schwerpunkt des Unternehmens sowie als Erlösmodell verstanden wurde. Der Zeitpunkt für eine Transformation in ein digitales Geschäftsmodell sollte in profitablen Wirtschaftszeiten erfolgen und nicht in wirtschaftlichen unklaren und turbulenten Zeiten. Dennoch scheuen sich viele Unternehmen da man kaum auf Erfahrungswerte zurückgreifen kann und die Erfolgschancen schwer abzuschätzen sind. Die Transformation selbst ist eine Kombination aus Kreativitätstechnik und einem geführten Prozess zur Ausarbeitung einer Idee. Dabei ist eine offene Geisteshaltung notwendig um sich vom bestehenden zu trennen. Der jetzige Status soll dabei komplett ignoriert werden, die Vergangenheit sowie die Konkurrenz soll ausgeblendet werden, es soll sich nur auf den Kunden konzentriert werden. Etablierte Unternehmen sollten aber auch prüfen wie sie ihre Kernkompetenzen durch die Digitalisierung stärken können. Dabei sollte herausgearbeitet werden wo man besonders stark ist und was man der Flexibilität Anderer entgegensetzen kann. Denn der Mehrwert des etablierten Unternehmens sollte im angesammelten Wissen stecken, was sich in den Produkten und Dienstleistungen wiederspiegeln sollte. Nur dadurch haben etablierte Unternehmen eine Chance am Markt zu bleiben. Da Wissen ein großes Kriterium des Wettbewerbsfaktors ist, was über Erfolg oder Niederlage entscheidet. Denn durch die Transformation eines etablierten Unternehmens zu einem digitalen Geschäftsmodell ist das Unternehmen weniger konkurrenzfähig und braucht für die Transformation länger als ein Unternehmen das aus einem digitalen Geschäftsmodell entstanden ist. Es gibt mehrere Identifikatoren für ein nicht-digitales Geschäftsmodells. Dennoch kann man sagen, dass bei einem Unternehmen, dessen Kundenzahl nicht wächst oder wachsen kann und eine Stagnation eintritt, ein deutliches Zeichen für ein nicht zukunftssicheres Geschäftsmodell zu erkennen ist.

Nach Prof. Dr. Thomas Clauß müssen fünf Schritte zu einem digitalen Geschäftsmodell beachtet werden. Als erstes sollte man sich im Klaren sein, dass Geschäftsmodelle im Ganzen betrachtet werden müssen. Die einzelnen Dimensionen des Geschäftsmodells sollten nicht losgelöst voneinander betrachtet werden. Sollte dabei eine digitale Veränderung einer Dimension, die nach Prof. Dr. Claus in das Leistungsmodell, das Wertschöpfungsmodell und das Ertragsmodell aufgeteilt sind, vorgenommen werden. Sollte anschließend das komplette Geschäftsmodell hinterfragt werden. Das komplette Potenzial kann nur ausgeschöpft werden, wenn alle drei Dimensionen miteinander abgestimmt sind. Der zweite Schritt der beachtet werden soll, ist dass

Digitalisierung keine operative, sondern eine strategische Aufgabe ist, die im Top-Management angesiedelt ist und die Architektur des Geschäftsmodells durchleuchtet. Mit strategischen Aufgaben sind Änderungen gemeint mit langfristiger Auswirkung auf das Unternehmen wie z.B. einen Bestellvorgang mit dem Smartphone mit wenigen Klicks zu ermöglichen. Das verändert das Verhalten des Kunden, was zu einem Wettbewerbsvorteil führen kann. Im dritten Schritt der Digitalisierung wird die Dynamik und Agilität betrachtet. Digitalisierung ist kein einmaliger Prozess, sondern ein Prozess der immer wieder stattfindet. Unternehmen müssen heute agil und veränderungsfähig sein um immer wieder digitale Transformationen durchführen zu können. Im vierten Schritt soll man groß Denken und klein Starten. Für ein etabliertes Unternehmen mit einem nicht-digitalen Geschäftsmodell, ist eine Transformation zu einem digitalen Geschäftsmodell extrem aufwändig und komplex. Aufgrund der hohen Komplexität sollte man nicht versuchen die

Digitalisierung hinauszuschieben, sondern schrittweise Annäherungen an das digitale Geschäftsmodell wagen. Dabei können die ersten Schritte z.B. schon die Erstellung eines Webauftritts darstellen. Dieser würde heute zwar kaum noch zu einem Wettbewerbsvorteil führen, dennoch ist eine schrittweise Transformation vorteilhafter als eine Verharrung im alten Geschäftsmodell. Da hier die Gefahr besteht die Wettbewerbsposition zu verlieren oder gar vom Markt verdrängt zu werden. Im letzten Schritt zur Digitalisierung, sollten Unternehmen multiple Geschäftsmodelle nutzen. Bei einem multiplen Geschäftsmodell, werden mehrere Geschäftsmodelle unter einem Dach vereint. Dabei kann das alte nicht digitale Geschäftsmodell weiterhin als Kerngeschäft genutzt werden und parallel wird ein neues digitales Geschäftsmodell eingeführt das als Prototyp oder als Test geführt werden kann. Dabei können diese neuen digitalen Geschäftsmodelle sogar das Kerngeschäft im Erfolgsfall ablösen oder in das neue Geschäftsmodell integriert werden. Ein klassisches Beispiel sieht man bei den Print-Zeitungen, die parallel zu ihrem Stammgeschäft eine Onlinesparte mit eigenem digitalen Geschäftsmodell eingeführt haben, in dem Kunden aktuelle oder vergangene Artikel nachlesen oder kaufen können.

4. Schlussbetrachtung

4.1. Fazit

In diesem Kapitel werden die Ergebnisse des Buches zusammengefasst. In der Einleitung wurde die Problemstellung definiert und drei Kernfragen aufgestellt. Im Grundlagen Teil wurden die Begrifflichkeiten „Disruption, Digitalisierung, Geschäftsmodell" sowie der Begriff im Zusammenhang „Disruption durch digitale Geschäftsmodelle" erklärt. Dabei wurde der Ursprung von Disruption sowie die unterschiedlichen Definitionen für Geschäftsmodelle erläutert. Disruption durch digitale Geschäftsmodelle wurde dabei an einigen Beispielen dargestellt. Der Hauptteil des Buches hat sich um die Beantwortung der drei Kernfragen gedreht. Die erste Kernfrage „Ursprung der digitalen Geschäftsmodelle" wurde demnach durch die Digitalisierung von Produkten oder Dienstleistungen, die so gut wie grenzenlos zur Verfügung stehen in Verbindung gebracht. Aus diesen digitalen Produkten oder Dienstleistungen sind digitale Geschäftsmodelle entstanden, die durch alte Geschäftsmodelle nicht abgebildet werden können, da hier andere ökonomische Gesetzte gelten. Aber auch Technologien wie die Cloud-Technologie, künstliche Intelligenz, Robotik oder Sensorik und Big Data sind Treiber von digitalen Geschäftsmodellen. Die Beantwortung der zweiten Kernfrage „Risiken für alte, große Unternehmen mit nicht-digitalen Geschäftsmodellen" konnte durch Literaturrecherche beantwortet werden. Viele Unternehmen haben Schwierigkeiten und reagieren zu langsam oder halten an dem bestehenden Geschäftsmodell zu lange fest und bemerken die digitale Transformation nicht einmal. Junge Unternehmen entstehen mit neuen Technologien, wo Prozesse einfach, schneller oder günstiger abgebildet werden können und auch schneller auf Veränderungen reagiert werden kann. Großunternehmen und Konzerne die aus Zukäufen gewachsenen Strukturen entstanden sind, können

Änderungen am Geschäftsmodell oder der Wertschöpfungskette nur mit erheblichem Aufwand vornehmen. Dabei können fehlgeschlagene Anpassungen an neue Technologieninnovationen oder falschen Management Entscheidungen die Wettbewerbsfähigkeit gefährden oder sogar die Zerschlagung eines Unternehmens bewirken. Gerade da man kaum auf Erfahrungswerte zurückgreifen kann und die Erfolgschancen schwer abzuschätzen sind. Die letzte Kernfrage „Digitale Transformation von Geschäftsmodellen" kann nicht präzise aufgedeckt bzw. beantwortet werden, da es keine Musterlösung gibt, eine Transformation von einem nicht-digitalen Geschäftsmodell zu einem digitalen Geschäftsmodell umzuwandeln. Nach Prof. Dr. Thomas Clauß müssen für eine Transformation fünf Schritte beachtet werden. Das Geschäftsmodell muss im Ganzen betrachtet werden. Sollte eine digitale Veränderung einer Dimension stattfinden, muss das Geschäftsmodell komplett hinterfragt werden. Ein weiterer Schritt ist, dass die Transformation eine strategische Aufgabe ist, die im Top-Management angesiedelt ist und die Architektur des Geschäftsmodells durchleuchtet. Der dritte Schritt beschreibt die Dynamik und Agilität eines Unternehmens. Digitalisierung ist dabei kein einmaliger Prozess, sondern ein Prozess der immer wieder stattfindet. Unternehmen müssen heute agil und veränderungsfähig sein um digitale Transformationen durchführen zu können. Im vierten Schritt wird beschrieben, dass man klein Starten soll und nicht das gesamte Geschäftsmodell auf einmal von heute auf morgen umstrukturieren soll, da so eine Veränderung extrem aufwändig und komplex sein kann. Man sollte aber nicht versuchen die Digitalisierung hinauszuschieben, sondern schrittweise Annäherungen an das digitale Geschäftsmodell wagen. Im letzten Schritt wird vorgeschlagen ein multiples Geschäftsmodell zu nutzen. Bei einem multiplen Geschäftsmodell wird das alte Geschäftsmodell weiterhin als Kerngeschäft genutzt und parallel wird ein neues digitales Geschäftsmodell eingeführt das als Prototyp oder Test geführt wird. Im Erfolgsfall kann das neue digitale Geschäftsmodell das Kerngeschäft ablösen oder das Kerngeschäft kann stückweise in das digitale Geschäftsmodell übernommen werden.

4.2. Ausblick

Die Entwicklung neuer digitaler Geschäftsmodelle wird weiterhin ein Bestandteil des wirtschaftlichen Handels bleiben. Digitale Technologien krempeln ganze Geschäftsmodelle um und beeinflussen unsere Art zu kommunizieren und wie wir arbeiten. Dabei greifen Start-up Unternehmen mit digitalen Geschäftsmodellen etablierte Unternehmen an und bringen ihnen das Fürchten bei. Erwartet wird, dass der Einzelhandel als nächstes durch Start-up Unternehmen, die nicht aus der gleichen Branche kommen, herausgefordert werden. Hier werden weitere Unternehmen wie Amazon oder Zalando erwartet. Daher sollten Unternehmen die kein digitales Geschäftsmodell vorweisen, schnellstmöglich das Geschäftsmodell umkrempeln, um weiterhin auf dem Markt bestehen zu bleiben und die digitalen Chancen nutzen zu können um weiterhin Wettbewerbsfähig zu bleiben. Dabei spielt die Schnelligkeit eine wichtige Rolle denn wer sein Geschäftsmodell nicht optimiert oder zu lange dafür braucht, bringt sich in Gefahr oder wird komplett vom Markt verdrängt.

5. Literaturverzeichnis

- Prof. Dr. Dr. h.c. mult. Horst Albach, Dr. Johannes Hummel: Die Zukunft des Electronic Business, Springer Fachmedien Wiesbaden, 2003

- Thomas Bieger, Dodo zu Knyphausen-Aufseß, Christian Krys: Innovative Geschäftsmodelle, Konzeptionelle Grundlagen, Gestaltungsfelder und unternehmerische Praxis, Springer-Verlag, Berlin Heidelberg, 2011

- Peter F. Drucker: Was ist Management? Das Beste aus 50 Jahren, 6, Econ Verlag Berlin

- Oliver Gassmann, Philipp Sutter: Digitale Transformation im Unternehmen gestalten, Geschäftsmodelle Erfolgsfaktoren Handlungsanweisungen Fallstudien, Carl Hanser Verlag München, 2016

- Michael Jaekel: Die Anatomie digitaler Geschäftsmodelle, Springer Fachmedien Wiesbaden 2015

- Christoph Keese: Silicon Valley, Was aus dem nächtigesten Tal der Welt auf uns zukommt, Albrecht Knaus Verlag München, 2014

- Jochen Kressin: Symphony of Disruption: Geschftsmodelle und Innovationen in der digitalen Welt, Diplomica Verlag Hamburg, 2012

- Michael S. Malone, Yurti Van Geest: Exponential Organizations, Why new organizations are ten times better, faster, and cheaper than yours (and what to do about it), Diversion Books, New York, 2014

- Kurt Matzler, Franz Bailom, Stephan Friedrich von den Eichen, Markus Anschober: Digital Disruption, Wie Sie Ihr Unternehmen auf das digitale Zeitalter vorbereiten, Verlag Franz Vahlen München, 2016

- Dr. Jens-Uwe Meyer: Digitale Disruption, Die nächste Stufe der Innovation, BuisnessVillage GmbH, Göttingen, 2016

- Alexander Osterwalder, Yves Pigneur: Business Model Generation: A Handbook für Visionaries, Game Changers, and Challengers, Wiley, 2010

- Daniel Schallmo, Andreas Rusnjak, Johanna Anzengruber, Thomas Werani, Michael Jünger: Digitale Transformation von Geschäftsmodellen, Grundlagen, Instrumente und Best Practices, Springer Fachmedien Wiesbaden, 2017

- Michael Zollenkop: Geschäftsmodellinnovation, Initiierung eines systematischen Innovationsmanagements für Geschäftsmodelle auf Basis lebenszyklusorientierter Frhaufklärung, Deutscher Universitäts-Verlag, Wiesbaden 2006